Nicole Schäufler

Mama im Advent

Ein Adventskalender für alle Mütter

Inhalt

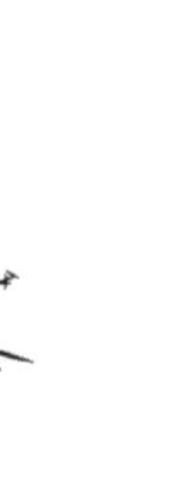

Für alle Mamas
und für dich:

Nun ist es wieder so weit:

Die Vorweihnachtszeit beginnt.

Nicht nur für die Kinder, auch für ihre Mütter ist der Advent etwas ganz Besonderes. Die Mütter backen, dekorieren, befüllen Stiefel, lesen Wunschzettel und suchen unermüdlich nach dem richtigen Geschenk und der richtigen Gans für den Heiligen Abend. Von Weihnachtskarten und Bastelprojekten nicht zu reden. Den Ruhm für all die guten Gaben und das gelungene Fest überlassen sie großzügig dem Weihnachtsmann oder dem Christkind.

Dieser Kalender ist allen Müttern gewidmet. Er begleitet auch dich als Mama im Advent. Er erzählt dir von dir selbst und von deinem Weihnachtsfest.

Er ist nur für dich gemacht.

1. Dezember

Hinter jedem Türchen steckt ein Geheimnis.

Auch wir lüften gleich zu Anfang eines, das bisher gut behütet war: Schon vor Tagen oder sogar Wochen – der Advent hatte noch gar nicht begonnen – ist eine Fee durchs Haus geschwebt! Eine richtige Fee!

Sie hat Tannengrün und kleine Sterne verteilt und vielleicht auch einen Adventskranz gewunden. Sie hat diesen heimeligen vorweihnachtlichen Zauber im Haus ausgestreut. Ganz leise, um die schlafenden Kinder nicht zu wecken.

Keiner hat sie gesehen. Es spricht auch keiner von ihr. Sie ist tatsächlich namenlos, obwohl sie jedes Jahr wiederkehrt. Sehr seltsam. Aber ich kenne sie genau, diese gute, diese mütterliche Fee.

Danke für deinen Zauber!

Danke, dass du die Vorfreude in unser Haus bringst.

Familienwunschzettel

Kreiere mit deinen Kindern doch einmal einen Familien-Wunschzettel. Hier können alle ihre Wünsche eintragen.

Frau Holle

Schneeflocken wirbeln um und um,
im Garten blüht die Weihnachtsblum',
Frau Holle fährt im Dorf herum –
schnurre, Rädchen, schnurre!

Der Mond blickt aus dem Wolkengraus,
weist ihr den Weg zu jedem Haus,
dass sie die Flinksten findet aus –
schnurre, Rädchen, schnurre!

Bemerkt sie wo noch einen Schein,
Frau Holle hält und schaut hinein,
die munter drehn, belohnt sie fein –
schnurre, Rädchen, schnurre!

Martin Greif (1839–1911)

2. Dezember

Wenn nach vielen Monaten plötzlich das erste Weihnachtslied durch das Haus klingt, dann reist jeder im Geiste zurück.

Zurück nach Hause, zurück in die Kindheit, zurück zu früherem Kinderglauben und Kinderstaunen. Du kennst das Gefühl ganz bestimmt bei dir selbst.

Viele Frauen erleben es noch intensiver, wenn sie Mutter sind. Hast du nicht auch versucht, dich für deine Kinder an einen Liedtext zu erinnern? Oder an ein Plätzchenrezept deiner Oma? Solche alten Familienerinnerungen und Traditionen sind ein echter Schatz. Oft sind die Mütter seine Hüterinnen. Sie öffnen die Schatztruhe jedes Jahr neu und singen vor, erzählen vor, leben vor, wie die Familie Weihnachten feiert.

Sie bestimmen, woran sich ihre Kinder später erinnern werden, wenn sie erwachsen sind und plötzlich ein Weihnachtslied erklingt.

Einfacher Kinderteig zum Ausstechen

Du brauchst:

250 g Mehl

1/2 TL Backpulver

60 g Zucker

1 Prise Salz

1 Ei

125 g Butter

Mehl, Backpulver, Zucker und Salz vermengen. Butter und Ei zugeben und alles verkneten. Den Teig mindestens eine Stunde kühl stellen, dann ein großes Kuchenbrett mit Mehl bestäuben und Teig ausrollen. Nach Belieben ausstechen und auf einem mit Backpapier ausgelegten Blech verteilen. Zehn Minuten bei 180 Grad Celsius (Umluft) backen. Nach dem Auskühlen verzieren.

Vom Christkind

Denkt euch, ich habe das Christkind gesehen!
Es kam aus dem Walde, das Mützchen voll Schnee,
mit rotgefrorenem Näschen.
Die kleinen Hände taten ihm weh,
denn es trug einen Sack, der war gar schwer,
schleppte und polterte hinter ihm her.
Was drin war, möchtet ihr wissen?
Ihr Naseweise, ihr Schelmenpack –
denkt ihr, er wäre offen der Sack?
Zugebunden bis oben hin!
Doch war gewiss etwas Schönes drin!
Es roch so nach Äpfeln und Nüssen!

Anna Ritter (1865–1921)

3. Dezember

Kein Weihnachtsfest ohne Plätzchenbäckerei.

Als Mama lernst du, dass die schiefen Plätzchen die schönsten sind. Und die Kinder verteilen Schokoladenguss und Zuckerstreusel über gerade wie krumme Plätzchen gleich gern.

Das berühmteste Ergebnis solcher Bäckerei ist das Lebkuchenhaus aus dem Märchen „Hänsel und Gretel". Das hat die Hexe bekanntermaßen gebacken, als die Kinder noch nicht in ihrer Küche waren. Sonst wäre das Märchen sicher anders verlaufen. Vor allem würde die Hexe noch leben. Denn das Hexenhaus ist oft gedeutet worden als goldener Käfig, in dem eine klammernde, perfektionistische Mutter ihre Kinder einsperrt. Hätten die Kinder mitbacken dürfen, wäre das Knusperhäuschen sicher schief geraten, mit lauter Lücken zum rechtzeitigen Entwischen.

Also nur Mut zum schiefen Keks!

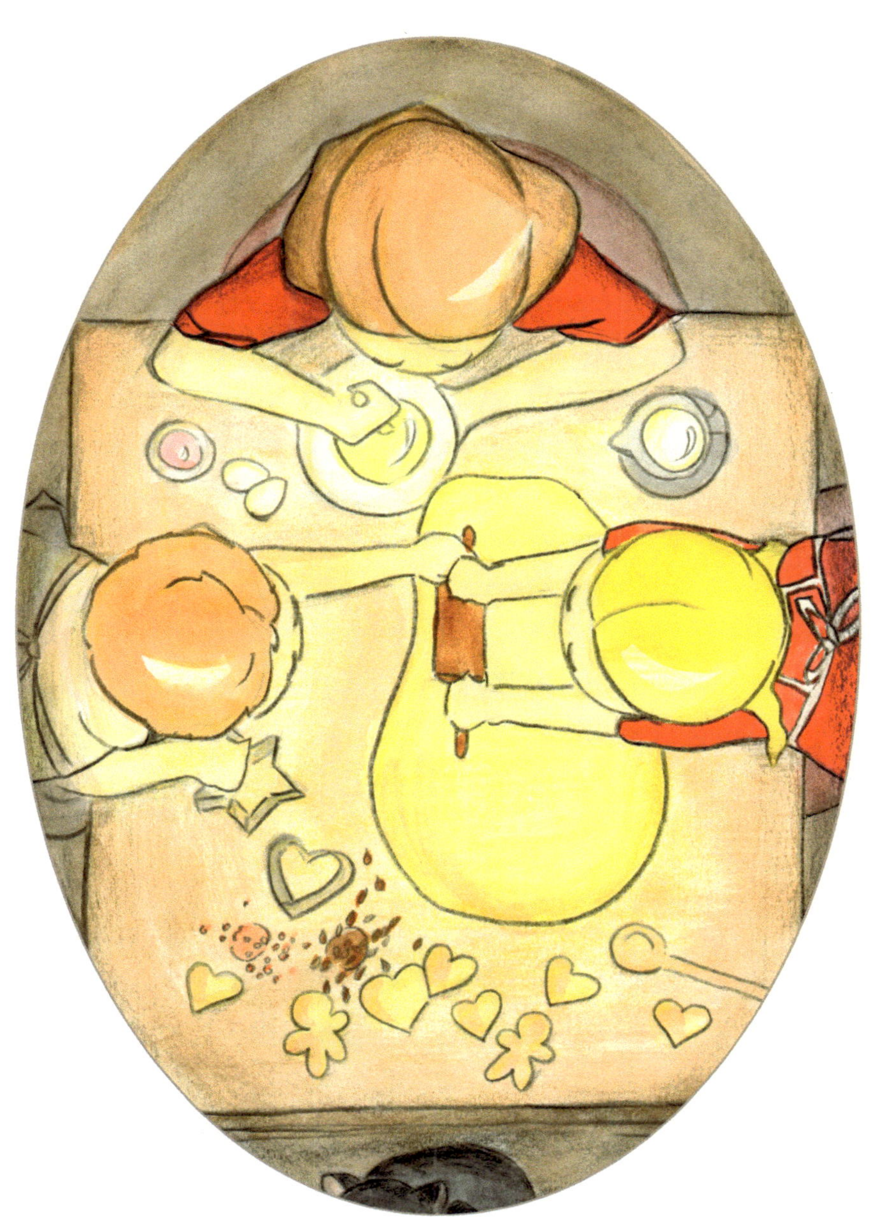

Hänsel und Gretel

[...] Am dritten Tag gingen sie wieder bis zum Mittag, da kamen sie an ein Häuslein, das war ganz aus Brot gebaut und war mit Kuchen bedeckt, und die Fenster waren voll hellem Zucker. „Da wollen wir uns satt essen", sagte Hänsel. „Ich will vom Dach essen, iß du vom Fenster, Gretel, das ist fein süß für Dich." Hänsel hatte schon ein gutes Stück vom Dach und Gretel schon ein paar runde Fensterscheiben gegessen und brach sich eben eine neue aus, da hörten sie eine feine Stimme, die von innen rief:

„Knusper, knusper, knäuschen,
wer knuspert an meinem Häuschen?"

Hänsel und Gretel erschraken so gewaltig, dass sie alles fallen ließen, was sie in der Hand hielten, und gleich darauf sahen sie aus der Tür ein kleine, steinalte Frau schleichen. Sie wackelte mit dem Kopf und sagte: „Ei, ihr lieben Kinder, wo seid ihr denn hergelaufen, kommt herein mit mir, ihr sollt es gut haben", fasste sie beide bei der Hand und führte sie in ihr Häuschen. Da wurde gutes Essen aufgetragen und Pfannkuchen mit Zucker, Äpfel und Nüsse, und dann wurden zwei schöne Bettlein bereitet, da legten sich Hänsel und Gretel hinein und meinten, sie wären im Himmel. [...]

Auszug ~ Nach der Überlieferung der Brüder Grimm

Hänsel und Gretel

Hänsel und Gretel verliefen sich im Wald.
Es war so finster und auch so bitter kalt.
Sie kamen an ein Häuschen von Pfefferkuchen fein.
Wer mag der Herr wohl von diesem Häuschen sein?

Hu, hu, da schaut eine alte Hexe raus!
Lockte die Kinder ins Pfefferkuchenhaus.
Sie stellte sich gar freundlich, o Hänsel, welche Not!
Ihn wollt' sie braten im Ofen braun wie Brot.

Doch als die Hexe zum Ofen schaut hinein,
ward sie gestoßen von unser'm Gretelein.
Die Hexe musste braten, die Kinder geh'n nach Haus.
Nun ist das Märchen von Hans und Gretel aus.

Unbekannter Verfasser, entstanden vor 1901

4. Dezember

Wenn draußen alle Laubbäume ihre Blätter verloren haben, packt uns die Sehnsucht nach Grün.

Wir tragen ins Haus, was zumindest grüne Nadeln hat oder immergrünes, hartes Blattwerk wie Stechpalme und Efeu. Das sieht nicht nur schön aus. Der grüne Segen geht auf vorchristliche Traditionen zurück, die sich gar nicht um Weihnachten, sondern – tatsächlich! – um Erotik, Fruchtbarkeit und künftige Mutterschaft drehten.

Das lässt sich bis heute erkennen: Wer unter dem Mistelzweig steht, darf einen Kuss nicht abwehren. Wer am Barbaratag die Zweige eines Kirschbaums in die Vase stellt, hofft auf Liebesglück. Wer dem Knecht Ruprecht mit seiner Haselnuss-Rute die Tür öffnet, konnte zumindest früher auf fruchtbarkeitsfördernde Streiche (für die Erwachsenen, nicht die Kinder) hoffen. Und warum?

Weil die winterliche Sehnsucht nach Sonne, Grün und neuem Leben noch älter ist als unser Weihnachtsfest.

Wie der Mistelzweig über der Tür – very british:

Früchtekuchen

Du brauchst:

Für die Früchtemischung:

300 g Rosinen/Sultaninen

75 g Zitronat

75 g Orangeat

200 g getrocknete Aprikosen in kleinen Stücken

4 cl Weinbrand

1 unbehandelte Zitrone (geriebene Schale)

Für den Teig:

450 g Mehl

300 g Butter

250 g Zucker

50 g Puderzucker

6 Eier

1 TL Backpulver

1 Prise Salz

30 g Butter

Zutaten der Früchtemischung vermengen und über Nacht durchziehen lassen. Dann 100 g Mehl in die Früchtemischung einrühren. Butter, Zucker und Salz zusammen schaumig schlagen. 6 Eigelb dazugeben. Mehl und Backpulver mischen und zur Masse geben. Dann die Früchtemischung einrühren. Zum Schluss das Eiweiß mit dem Puderzucker steif schlagen und unterheben.

Den Teig in eine Kastenform geben und bei 180 Grad Celsius (Umluft) 90 Minuten backen. Dann den Kuchen vorsichtig herausstürzen, abkühlen lassen und mit Butter bestreichen. Puderzucker darüberstreuen.

Das Weihnachtsbäumlein

Es war einmal ein Tännelein,
mit braunen Kuchenherzlein
und Glitzergold und Äpflein fein
und vielen bunten Kerzelein:
Das war am Weihnachtsfest so grün,
als fing es eben an zu blühn.

Doch nach nicht gar zu langer Zeit,
da stand's im Garten unten,
und seine ganze Herrlichkeit
war, ach, dahingeschwunden.
Die grünen Nadeln war'n verdorrt,
die Herzlein und die Kerzlein fort.

Bis eines Tags der Gärtner kam,
den fror zuhaus' im Dunkeln,
und es in seinen Ofen nahm. –
Hei, tat's da sprüh'n und funkeln!
Und flammte jubelnd himmelwärts
in hundert Flämmlein an Gottes Herz.

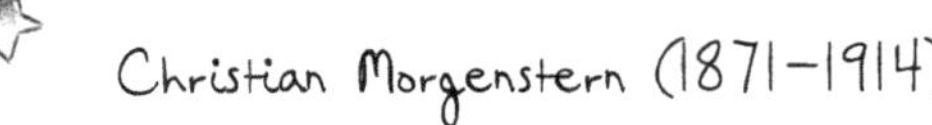

5. Dezember

Heute Abend wird sie wieder erscheinen:

die unbekannte, kleine Fee, die unlängst den Weihnachtszauber im Haus verstreute. Sie tut wieder sehr geheimnisvoll. Sie will sich wieder nicht zeigen. Stattdessen nimmt sie deine Gestalt an und dann ...

... putzt sie geduldig mit den Kindern die Stiefel und assistiert mit allerlei Bürsten und Wischzeug. Erzählt vom Nikolaus, der angeblich die blitzeblanken Stiefelchen befüllen wird. Räumt hinterher die Putzwerkstatt auf und sorgt für Abendessen und saubere Zähne. Dann noch die Gute-Nacht-Küsse und ja, der Nikolaus kommt ganz bestimmt. Wirklich ganz bestimmt.

Das Stiefel-Befüllen geht fix, nur die Vorweihnachtsputzerei, die an den Abenden im Advent oft erledigt sein will, dauert länger. Die kleine Fee weiß: Am Morgen muss kein Kind den Eltern „Danke" sagen für das Stiefel-Wunder.

Und das ist doch das Schönste.

Das Wunderschloss

Ich wünsch mir was!
Was ist denn das?
Das ist ein Schloss aus Marzipan –
mit Türmen aus Rosinen dran
und Mandeln an den Ecken.
Ganz zuckersüß und braun gebrannt
und jede Wand aus Zuckerkand' –
da kann man tüchtig schlecken!
Und Diener laufen hin und her
mit Saft und Marmelade
und drinnen in dem Schlosse drin,
sitzt meine Frau, die Königin –
die ist aus Schokolade.

Adolf Holst (1867–1945)

Wie vom Schokoladenmädchen:

Heiße Trinkschokolade

Du brauchst:

2 EL dunkler Kakao

2 EL Zucker

1 l Milch

250 ml Schlagsahne

1 Päckchen Vanillezucker

geraspelte Schokolade

Milch aufkochen und Kakao und Zucker mit einem Schneebesen unterrühren. Schlagsahne mit Vanillezucker aufschlagen und kurz vor dem Servieren als Haube auf jede Tasse geben. Mit Schokoraspeln überstreuen.

6. Dezember

Der Nikolaus war da!

An diesem Morgen stehen „seine" Gaben im Mittelpunkt. Als Mama staunst du mit und darfst entscheiden, ob der Schokoladen-Nikolaus gefrühstückt werden sollte.

Früher sah das anders aus: Der Nikolaus taucht erst im Mittelalter als komfortabler Gabenbringer auf. Bis dahin mussten Kinder wie Erwachsene ihr Naschwerk selbst eintreiben. Dafür zog man im Advent – nicht nur am 6. Dezember – von Tür zu Tür und sagte „Heischeverse" auf. In manchen Regionen gibt es das bis heute. Dort kann man in der kalten Jahreszeit wilde Krampusse, Perchten oder Klausen auf den Straßen sehen. Auch Halloween ist solch ein vorweihnachtlicher Heischebrauch, der von Europa nach Amerika und nun wieder zurück gewandert ist.

Nach Schokolade heischte früher übrigens niemand; es gab Äpfel und Nüsse und im Gegenzug einen Segen.

So sei auch du heute gesegnet, Frau Nikoläusin!

Vielleicht kennst auch
du noch traditionelle
Heischeverse.

Heischeverse bei uns:

Heischevers – von Nord bis Süd

Nikolaus, de gode Mann

Nikolaus, de gode Mann,
kloppt an alle Dören an,
kleene Kinner schenkt er wat,
grote Kinner steckt er in Sack.
Halli, halli, hallo,
so gets to Bremen to.

(Vers aus Bremen)

Oh du guter Nikolaus

Oh du guter Nikolaus
mit dem Bart und Besen,
leer dein Säcklein bei uns aus!
Wir sind brav gewesen.

(Bayerischer Kindervers)

7. Dezember

Der Advent ist auch die Zeit der Märchen und Geschichten.

Zu den bekanntesten Wintermärchen zählt dabei „Frau Holle“, und seien wir ehrlich: Im Geiste sind wir alle die Goldmarie. Fleißig, freundlich, positiv. Eine, der alles gelingt. Eine, der alles leicht fällt. Supergirl eben. Und am Ende reicher Lohn.

Gerade Mütter brauchen solche positiven Selbstbilder. Wie sollte man sonst all die Weihnachtshektik überstehen? Wie alle Aufgaben bewältigen, alle Betten schütteln, alle Stuben kehren, alle Fäden spinnen? Da muss man schon an sich glauben. Nur dann kann es jeden Morgen von neuem heißen: „Kikeriki, die goldene Jungfrau ist wieder hie!“

Es ist gar nicht so verkehrt, dass am Heiligabend oft Goldschmuck verschenkt wird. Dass der Weihnachtsbaum voll goldenem Flitter hängt. Dass überall goldene Glöckchen klingeln. Gold ist die Gabe der Frau Holle für die Fleißigen.

Welche Mutter hätte das am Ende der Adventszeit nicht verdient?

Goldmaries Spitzbuben

Du brauchst:

150 g gemahlene Mandeln

150 g Puderzucker

1 Prise Salz

150 g Mehl

1/2 TL Backpulver

120 g Butter

2 Eigelb

200 g Himbeerkonfitüre

Mandeln, Puderzucker, Salz, Mehl und Backpulver vermengen. Butter und Eigelb zugeben und alles verkneten. Den Teig anschließend mindestens eine Stunde kühl stellen. Teig ausrollen und Kreise oder Sterne ausstechen. Die Hälfte der Plätzchen mit einem kleinen Ausstecher „lochen“. Auf einem mit Backpapier ausgelegten Blech verteilen und zehn Minuten bei 180 Grad Celsius (Umluft) backen. Erwärmte Konfitüre auf die „ungelochten“ Plätzchen streichen. Die gelochten Plätzchen aufsetzen und mit Puderzucker bestäuben.

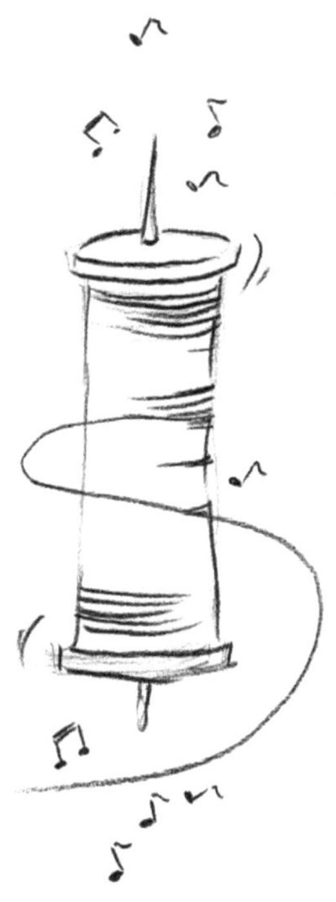

Spinn, Mägdlein spinn

Spinn, Mägdlein spinn,
so wachsen dir die Sinn‘,
wachsen dir die gold‘nen Haar‘,
kommen dir die klugen Jahr‘.

Sing, Mägdlein sing,
sei fein guter Ding‘,
fang dein Spinnen fröhlich an,
mach ein gutes End‘ daran.

Kindervers (vor 1881)

8. Dezember

Und dann sind da auch noch diese Pechmarie-Tage!

Über die redet keiner gern, aber es gibt sie trotzdem. Auch im Advent. Nichts will gelingen. Nichts. Es reicht auch nicht, dass etwas herunterfällt; nein, es muss auch zerbrechen und auslaufen. Außerdem ist das Mehl alle, die Kinder schreien, das Auto springt nicht an – und dann kündigt sich garantiert noch Besuch an. Bestimmt kennst du diese schrecklichen Tage.

Jeder hat seine Grenzen. Auch davon erzählt das Märchen von „Frau Holle". Pechmarie schafft die Aufgaben nicht. Und sie möchte faul sein dürfen. Wie überaus menschlich, nicht wahr?

Hab keine Angst vor dem Pech. Ich will dir ein Geheimnis verraten: Das Pech ist gar nicht so schwarz. Es ist sogar heilsam. Man verwendete es früher unter anderem als antibakteriell wirkendes Wundpflaster. Die klebrige Masse war sehr nützlich.

Es besteht also Hoffnung, gerade an den pechschwarzen Tagen.

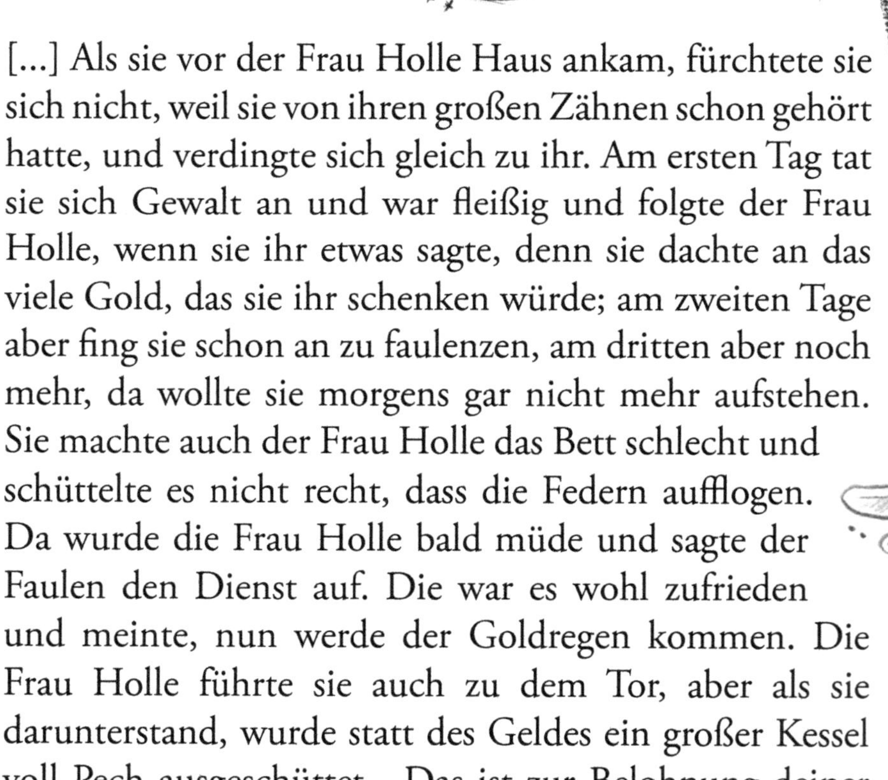

Frau Holle

[…] Als sie vor der Frau Holle Haus ankam, fürchtete sie sich nicht, weil sie von ihren großen Zähnen schon gehört hatte, und verdingte sich gleich zu ihr. Am ersten Tag tat sie sich Gewalt an und war fleißig und folgte der Frau Holle, wenn sie ihr etwas sagte, denn sie dachte an das viele Gold, das sie ihr schenken würde; am zweiten Tage aber fing sie schon an zu faulenzen, am dritten aber noch mehr, da wollte sie morgens gar nicht mehr aufstehen. Sie machte auch der Frau Holle das Bett schlecht und schüttelte es nicht recht, dass die Federn aufflogen. Da wurde die Frau Holle bald müde und sagte der Faulen den Dienst auf. Die war es wohl zufrieden und meinte, nun werde der Goldregen kommen. Die Frau Holle führte sie auch zu dem Tor, aber als sie darunterstand, wurde statt des Geldes ein großer Kessel voll Pech ausgeschüttet. „Das ist zur Belohnung deiner Dienste“, sagte die Frau Holle und schloss das Tor zu. Da kam die Faule heim, ganz mit Pech bedeckt, und das hat ihr Lebtag nicht mehr abgehen wollen.

Auszug ~ Nach der Überlieferung der Brüder Grimm

Ausfahrt

Schlitten vorm Haus,
steig ein, kleine Maus,
zwei Kätzchen davor,
so geht's durchs Tor,
zwei Kätzchen dahinter,
so geht's durch den Winter.

Hinein ins Feld,
wie weiß ist die Welt.
Auf einmal, o weh,
kleine Maus liegt im Schnee,
kleine Maus liegt im Graben,
wer will sie haben?

Schlitten vorm Haus,
wo blieb kleine Maus?
Die Kätzchen, miau,
die wissen's genau:
Hat nicht still gesessen,
da haben wir sie gefressen.

Gustav Falke (1853-1916)

9. Dezember

Ein Winterspaziergang macht den Kopf frei und die Gedanken klar.

Naja, in der Theorie. Wenn du deine Kinder dabei hast, ist der Ausflug wahrscheinlich weniger besinnlich, sondern eher wild. Aber das kann auch sehr befreiend sein, besonders, wenn schon Schnee liegt.

Zu den klassischen Mütteraufgaben gehört in solchen Fällen: Schlitten ziehen, Ersatzhandschuhe und Snacks dabeihaben, nach Stürzen trösten, Unterricht im Schneeball-Formen geben und beim Schneemannbau mithelfen. Außerdem eine Antwort auf die immer neue Frage: „Und was machen wir jetzt?" Zum guten Ende folgen dann noch der untrügliche Mütterblick für verschwitzte Kinderhaare unter der Bommelmütze und der böse Bannspruch „Schluss für heute!"

Und wir Mütter wissen: Mit diesem verhängnisvollen Satz beginnt das Abenteuer erst, denn nun müssen die Kinder noch aus den nassen Wintersachen heraus ...

Will sehen, was ich weiß, vom Büblein auf dem Eis

Gefroren hat es heuer
noch gar kein festes Eis.
Das Büblein steht am Weiher
und spricht so zu sich leis:
Ich will es einmal wagen,
das Eis, es muss doch tragen.–
Wer weiß?

Das Büblein stampft und hacket
mit seinem Stiefelein.
Das Eis auf einmal knacket,
und krach! schon bricht's hinein.
Das Büblein platscht und krabbelt,
als wie ein Krebs und zappelt
mit Schrein.

O helft, ich muss versinken
in lauter Eis und Schnee!
O helft, ich muss ertrinken
im tiefen, tiefen See!
Wär' nicht ein Mann gekommen,
der sich ein Herz genommen,
o weh!

Der packt es bei dem Schopfe
und zieht es dann heraus,
vom Fuße bis zum Kopfe
wie eine Wassermaus.
Das Büblein hat getropfet,
der Vater hat's geklopfet
zu Haus.

Friedrich Wilhelm Güll (1812–1879)

10. Dezember

„Oh, es riecht gut, oh, es riecht fein …“,

beginnt ein bekanntes Weihnachtslied und erzählt von all den guten Gerüchen, die uns beim Backen in die Nase steigen. Sicher ist auch dir schon aufgefallen: Bei bestimmten Gerüchen ereilen dich gerade in der Weihnachtszeit Erinnerungen, die weit zurückliegen.

Der Grund dafür liegt im limbischen System des Gehirns. Es ist vor allem für Emotionen zuständig, und genau hierher gelangen unsere Duft-Informationen zuerst. Hier verbindet unser Gehirn die Düfte direkt mit unseren Gefühlen, noch bevor unser Verstand sich rational mit ihnen befassen kann. Düfte treffen uns damit ganz unmittelbar, und wir speichern sie sehr gut ab. Backen ist Riechen ist Erinnern ist Zeitreisen. Wenn du mit deinen Kindern Plätzchen bäckst, bescherst du ihnen spätere Zeitreisen zurück zu dir.

Was für ein Geschenk!

Der Klassiker: Heißer Bratapfel

Du brauchst:

4 Äpfel

4 EL Honig

1 EL Butter

1 EL Lebkuchengewürz

1 EL gehackte Nüsse oder Mandeln

1 TL Zimt

ggf. Vanillepudding oder Vanilleeis als Beilage

Als Erstes die Kerngehäuse aus den Äpfeln schneiden, ohne den Apfel zu zerteilen. Dann Honig und Butter mischen. Die restlichen Zutaten mit dieser Masse vermengen und in die Äpfel füllen. Bei 170 Grad Celsius rund 20 Minuten backen. Mit Vanillepudding oder Vanilleeis und etwas Zimt servieren.

Der Bratapfel

Kinder, kommt und ratet,
was im Ofen bratet!
Hört, wie's knallt und zischt!
Bald wird er aufgetischt –
der Zipfel, der Zapfel,
der Kipfel, der Kapfel,
der gelbrote Apfel.

Kinder, lauft schneller;
holt einen Teller,
holt eine Gabel!
Sperrt auf den Schnabel –
für den Zipfel, den Zapfel,
den Kipfel, den Kapfel,
den goldbraunen Apfel.

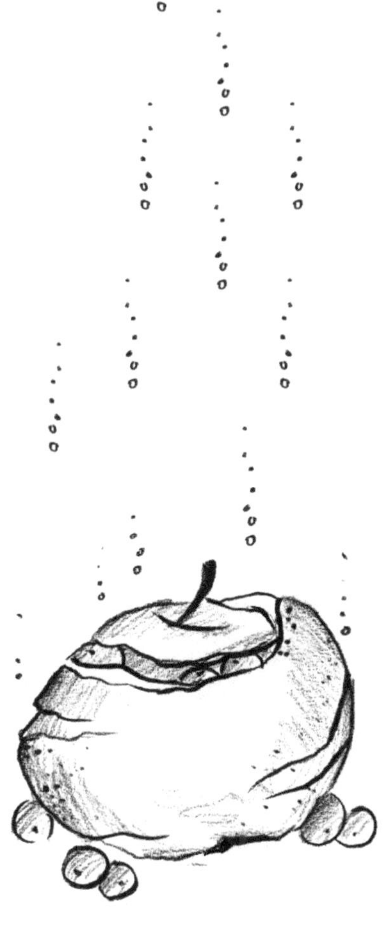

Sie pusten und prusten,
sie gucken und schlucken,
sie schnalzen und schmecken,
sie lecken und schlecken
den Zipfel, den Zapfel,
den Kipfel, den Kapfel,
den knusprigen Apfel.

Emily und Fritz Kögel (1877-1906 / 1860-1904)

11. Dezember

Im Dezember können es gar nicht genug Bücher sein.

Und noch eine Geschichte und noch eine und noch eine. Mütter sind gerade in dieser Zeit gefragte Vorleserinnen. „Es war einmal …“, hast sicherlich auch du schon oft begonnen und tauchtest mit deinen Kindern ab ins Märchenland. Das sind nicht nur für die Kleinen wunderbare Stunden.

Viele Mütter, die erstmals Nachwuchs im Alter von drei bis vier Jahren haben, lesen nach dreißig Jahren zum ersten Mal wieder die Geschichten aus der eigenen Kindheit. Nach so langer Zeit springt Aschenputtel plötzlich wieder ins Taubenhaus und das tapfere Schneiderlein fängt ein Einhorn. „Ach ja, so war das, das hatte ich schon fast vergessen“, heißt es dann. Märchen schenken Mütter ihren Kindern.

Und dreißig Jahre später schenken Kinder sie ihren Müttern wieder zurück.

Auch früher wurde von den Müttern viel vorgelesen und erzählt:

Schneeweißchen und Rosenrot

Es war einmal eine arme Witwe, die lebte in einem Hüttchen und vor dem Hüttchen war ein Garten, darin standen zwei Rosenbäumchen. Das eine trug weiße, das andere rote Rosen. Und sie hatte zwei Kinder, die glichen den Rosenbäumchen, und das eine hieß Schneeweißchen und das andere Rosenrot. Schneeweißchen war stiller als Rosenrot, doch hatten sich die beiden Kinder so lieb, dass sie sich immer an den Händen fassten, sooft sie zusammen ausgingen. Und wenn Schneeweißchen sagte: „Wir wollen uns nicht verlassen", so antwortete Rosenrot: „Solange wir leben". Die Mutter setzte dann noch hinzu: „Was das eine hat, soll's mit dem anderen teilen." Schneeweißchen und Rosenrot hielten das Hüttchen der Mutter so reinlich, dass es eine Freude war, hineinzuschauen. Im Winter, wenn die Flocken fielen, setzten sie sich an den Herd, und die Mutter nahm die Brille und las aus einem großen Buch vor, und die beiden Mädchen hörten zu [...]

Auszug ~ Nach der Überlieferung der Brüder Grimm

Die drei Spatzen

In einem leeren Haselstrauch
da sitzen drei Spatzen, Bauch an Bauch.

Der Erich rechts und links der Franz
und mittendrin der freche Hans.

Sie haben die Augen zu, ganz zu,
und obendrüber da schneit es, hu!

Sie rücken zusammen dicht an dicht.
So warm wie der Hans hat's niemand nicht.

Sie hören alle drei ihrer Herzlein Gepoch.
Und wenn sie nicht weg sind, so sitzen sie noch.

Christian Morgenstern
(1871-1914)

12. Dezember

Als Kind kann es sehr aufregend sein,
im Advent ins Bett zu gehen.

Manche Sorge taucht im Schatten der Nachttischlampe auf. Sieht der Weihnachtsmann wirklich alles? Wird er das dringend benötigte Rennauto und das erhoffte Ausmalbuch bringen? Ob er mitbekommen hat, dass Charlotte gar nicht von allein hingefallen ist? Seufz!

Was viele Erwachsene vergessen, die den Gabenbringer als Inquisitor bemühen: Der Weihnachtsmann hat gar keine pädagogische Ausbildung. Er will ein Freudenbotschafter sein – so wie auch das Christkind. Er will von Liebe und Hoffnung erzählen und davon, dass auch der dunkle Winter Licht bereithält. Und Geschenke dazu!

Als Mutter bestimmst du mit, wie deine Kinder diese Wundergestalt sehen. Der Alte aus dem Winterwald ist kein Lehrer und Bekehrer. Er ist einer der letzten „guten Geister“, die uns noch verblieben sind. „Bald schon kommt der Weihnachtsmann“?

Freut euch auf ihn, freut euch!

Nussknacker

Nussknacker, du machst ein grimmig‘ Gesicht –
Ich aber, ich fürchte vor dir mich nicht:
Ich weiß, du meinst es gut mit mir,
drum bring’ ich meine Nüsse dir.

Ich weiß, du bist ein Meister im Knacken:
Du kannst mit deinen dicken Backen
gar hübsch die harten Nüsse packen
und weißt sie vortrefflich aufzuknacken.

Nußknacker, drum bitt‘ ich dich, bitt‘ ich dich,
hast bessere Zähn‘ als ich, Zähn‘ als ich.
O knacke nur, knacke nur immerzu!
Ich will dir zu Ehren
die Kerne verzehren.
O knacke nur, knack, knack, knack! Immerzu!
Ei, welch ein braver Kerl bist du!

August Heinrich Hoffmann von Fallersleben
(1798-1874)

Die Engelein haben's Bett gemacht

Die Engelein haben's Bett gemacht,
die Federn fliegen runter.
Alle Tag' da schlafen sie,
zur Nacht, da sind sie munter.
Wären sie nicht munter z'Nacht,
wer hätt' denn mein Kind bewacht.

Kindervers (vor 1881)

13. Dezember

Heute ist Luciatag!

Die heilige Lucia wird vor allem in Nordeuropa verehrt. Sicher kennst auch du die bekannte schwedische Tradition, bei der junge Mädchen mit Lichterkronen singend von Haus zu Haus ziehen.

Obwohl die historische Lucia von Syrakus selbst keine Kinder hatte, kann sie als eine mütterliche Figur angesehen werden. Sie gilt als Schutzheilige der kranken Kinder, was früher gerade in der kalten Jahreszeit eine wichtige Funktion war. Klagte ein Kind über Halsweh, konnte daraus schnell ein lebensbedrohlicher Infekt werden. Also riefen die Mütter die Heilige Lucia an.

Bekannter ist sie natürlich als die „Leuchtende", die das Licht zurück auf die Erde bringt. Im 14. und 15. Jahrhundert fiel ihr Namenstag nämlich auf die Wintersonnenwende.

Weil diese wegen der langen Dunkelheit gerade in Nordeuropa eine große Rolle spielt, erklärt sich auch, warum Lucia dort bis heute in den Familien gefeiert wird.

Nicht nur für Nordlichter lecker: Schwedische Zimtschnecken

Du brauchst:

Für den Teig:
150 g Butter
500 ml Milch
50 g Hefe
150 g Zucker
1 TL Salz
1 TL gemahlenen Kardamom
1 kg Mehl

Für die Füllung:
75 g Butter
100 g grober Zucker
1 EL Zimt
1 Ei

Die Butter schmelzen und Milch zufügen. Die Hefe darin auflösen und dann Zucker, Salz, Kardamom und Mehl zugeben. Zu einem Teig verkneten und 45 Minuten gehen lassen. Den Teig ausrollen. Mit warmer Butter bestreichen und dick mit Zucker und Zimt bestreuen. Den Teig zu einer Rolle aufrollen und drei Zentimeter dicke Schnecken abschneiden. Diese noch einmal eine halbe Stunde gehen lassen, anschließend mit verquirltem Ei bestreichen und mit Zucker bestreuen.

Bei 250 Grad Celsius rund acht Minuten backen.

Der Schnupfen

Ein Schnupfen hockt auf der Terrasse,
auf dass er sich ein Opfer fasse

– und stürzt alsbald mit großem Grimm
auf einen Menschen namens Schrimm.

Paul Schrimm erwidert prompt: „Pitschü!“
und hat ihn drauf bis Montag früh.

Christian Morgenstern (1871-1914)

14. Dezember

Das Weihnachtsfest kann heutzutage als durchaus verwirrende Zeit erlebt werden.

Überall stürzen Bilder, Töne und Gerüche auf uns ein; kein Ort ohne rot-weiß-grüne Deko, Lichterglanz und amerikanische Christmas Songs. Manchmal wird das sogar Erwachsenen zu viel. Von Kindern nicht zu reden. Als Mama weißt du, dass die wohlbedachte Dosis erst den rechten Weihnachtszauber macht. Und manchmal ist weniger mehr.

Mütter sieben im Advent deshalb nicht nur Mehl zum Backen, sondern auch Eindrücke. Nicht jeder Spielzeugladen muss besucht und nicht jeder Weihnachtstrickfilm geschaut werden. Das Fernhalten eines Teils der Werbebotschaften gleicht einem Leistungssport. Ein neuzeitlicher „Sport" allerdings, denn früher war es umgekehrt: Da mussten die Mütter aus wenigen Dingen viel zaubern.

Wenn dein Kind heute einen Wunschzettel malt oder schreibt, der nicht überbordet von werbebasierten Wünschen, dann male dir selbst einen Orden dazu.

Den hast du dir verdient.

Falls dir das technische Verständnis für manchen Wunsch der Kinder fehlt, tröste dich: Das ist ein jahrhundertealtes Phänomen, wie das Märchen „Vom süßen Brei“ beweist.

Vom süßen Brei

Es war einmal ein armes, frommes Mädchen, das lebte mit seiner Mutter alleine und sie hatten nichts mehr zu essen.

Da ging das Kind hinaus in den Wald und begegnete einer alten Frau. Diese wusste schon, was ihr fehlte, und schenkte ihr ein Töpfchen, zu dem es sagen sollte: „Töpfchen koch!“ Dann kochte es süßen, guten Hirsebrei. Wenn es jedoch sagte: „Töpfchen steh!“, so hörte es wieder auf zu kochen.

Das Mädchen brachte den Topf seiner Mutter heim und von nun an litten sie keinen Hunger mehr und aßen süßen Brei, sooft sie wollten.

Eines Tages war das Mädchen ausgegangen, da sprach die Mutter: „Töpfchen koch!" und da kochte es und sie aß sich satt.

Als sie nun aber wollte, daß das Töpfchen aufhörte, wusste sie die Worte nicht. Also kochte es weiter, und der Brei stieg über den Rand hinaus und es kochte immerzu, die Küche und das ganze Haus voll und das zweite Haus und dann die Straße, als wolle es die ganze Welt satt machen.

Endlich, als nur noch ein einziges Haus übrig ist, kommt das Kind nach Hause und spricht:

„Töpfchen steh!"

Da hörte es auf zu kochen, doch wenn sie wieder in die Stadt wollten, mussten sie sich durchessen.

Nach der Überlieferung der Brüder Grimm

Der kleine Nimmersatt

Ich wünsche mir ein Schaukelpferd,
‘ne Festung und Soldaten
und eine Rüstung und ein Schwert,
wie sie die Ritter hatten.

Drei Märchenbücher wünsch‘ ich mir
und Farbe auch zum Malen
und Bilderbogen und Papier
und Gold- und Silberschalen.

Ein Domino, ein Lottospiel,
ein Kasperletheater,
auch einen neuen Pinselstiel.
Vergiss nicht, lieber Vater!

Ein Zelt und sechs Kanonen dann
und einen neuen Wagen
und ein Geschirr mit Schellen dran,
beim Pferdespiel zu tragen.

Ein Perspektiv, ein Zootrop,
‘ne magische Laterne,
ein Brennglas, ein Kaleidoskop. –
Dies alles hätt‘ ich gerne.

Mir fehlt – ihr wisst es sicherlich –
gar sehr ein neuer Schlitten,
und auch um Schlittschuh‘ möchte ich
noch ganz besonders bitten.

Um weiße Tiere auch von Holz
und farbige von Pappe,
um einen Helm mit Federn stolz
und eine Flechtemappe.

Auch einen großen Tannenbaum,
dran hundert Lichter glänzen,
mit Marzipan und Zuckerschaum
und Schokoladenkränzen.

Doch dünkt dies alles euch zu viel,
und wollt ihr daraus wählen,
so könnte wohl der Pinselstiel
und auch die Mappe fehlen.

Als Hänschen so gesprochen hat,
sieht man die Eltern lachen:
„Was willst du, kleiner Nimmersatt,
mit all den vielen Sachen?

Wer so viel wünscht“ – der Vater spricht‘s –
„bekommt auch nicht ein Achtel.
Der kriegt ein ganz klein wenig Nichts
in einer Dreierschachtel.“

Heinrich Seidel
(1842-1906)

15. Dezember

Weihnachtsmärkte gibt es in Deutschland seit dem 14. Jahrhundert.

Sie waren von Anfang an auch auf Mütter mit ihren Kindern ausgerichtet. Besorgt wurde auf solch einem Markt die Weihnachtssau – die Weihnachtsgans kam erst später als Braten in Mode. Außerdem kaufte die Mutter all die Spezereien, die das Fest erst zum Fest machten: Pfeffer von den fernen Gewürzinseln für die Fleischgerichte, Zimt aus Ceylon für die Lebkuchen oder griechische Korinthen für den Christstollen.

Die Kinder durften mit auf den Markt, für sie war der Ort Augenschmaus und Gaumenfreude in einem: Hier gab es süße Mandeln und Zuckerzeug, Stände mit Holzspielzeug und oft auch ein paar Gaukler, die man bestaunen konnte. Auch damals wurden die Mütter sicher schon vor manchem Stand angebettelt. „Bitte, bitte!“ – „Aber nur eins.“ –

Dieses Zwiegespräch von Mutter und Kind gehört schon lange zu Weihnachten.

Lustige Lebkuchenmännl und Lebkuchenweibl

Du brauchst:

250 g Honig
100 g Zucker
125 g Butter
500 g Mehl
1 TL Backpulver

1 Packung Lebkuchengewürz
1 EL Kakao
1 Ei
Zuckerglasur
Mandelsplitter

Honig, Zucker und Butter zusammen in einem Topf aufkochen und dann abkühlen lassen. Mehl, Backpulver, Lebkuchengewürz und Kakao mischen. Honigmischung und Ei dazugeben und verkneten. Teig mindestens eine Stunde ruhen lassen. Teig auf einem bemehlten Kuchenbrett 5 Millimeter dick ausrollen. Männl und Weibl ausstechen. Bei 160 Grad Celsius (Umluft) 12 Minuten backen. Abgekühlt mit Zuckerglasur bestreichen und mit Mandelsplittern verzieren.

Das Jahrmarktsfest zu Plundersweilern

Tiroler:

Kauft allerhand, kauft allerhand,
kauft lang und kurze War'!
Sechs Kreuzer's Stück, ist gar kein Geld,
wie's einem in die Hände fällt.
Kauft allerhand, kauft allerhand,
kauft lang und kurze War'!

Nürnberger:

Liebe Kindlein,
kauft ein!
Hier ein Hündlein,
hier ein Schwein;
Trummel und Schlägel,
ein Reitpferd, ein Wägel,
Kugeln und Kegel,
Kistchen und Pfeifer,
Kutschen und Läufer,
Husar und Schweizer;
nur ein paar Kreuzer,
ist alles dein!
Kindlein, kauft ein!

Johann Wolfgang von Goethe (1749-1832),
Auszug

16. Dezember

Wenn es das erste Mal wieder schneit, dann fällt uns Frau Holle ein, die im Himmel ihre Betten schüttelt.

Im Süden wird sie die „Percht“ genannt, im Norden mitunter „Frau Frigga“. Die Himmelsmutter trägt je nach Region einen anderen Namen. Gleich ist jedoch, dass wir sie mit dem Winterwetter in Verbindung bringen.

Diese Vorstellung der bettenschüttelnden Alten im Himmel ist der letzte Rest eines alten Volksglaubens, der ganz auf die Himmelsmutter ausgerichtet war. Sie wurde zu jeder Jahreszeit verehrt, nicht nur im Winter. Viele Mütter singen heute noch ihren Kindern vor: „Es war eine Mutter, die hatte vier Kinder, den Frühling, den Sommer, den Herbst und den Winter“ – diese Mutter, das ist die Holle, die Percht, die Frigga.

In den geweihten Nächten rund um die Wintersonnenwende wurde sie gefeiert als Herrin des Jahreslaufs und Mutter des wiederkehrenden Lichts.

Von Frau Holle erzählen viele regionale Sagen. Wenn sie dort bei den Leuten einkehrte, gab es einfache Gerichte wie zum Beispiel Hirsebrei. Die Himmelsgöttin aß das, was tagtäglich auf den Tisch kam. Das entsprach auch ihrer Zuordnung als Herrin über die Vegetation und die Getreideaussaat und -ernte.

Holles Hirsebrei

Du brauchst:

1 Tasse Hirsekörner

3 Tassen Milch

1 EL Honig

nach Belieben: klein geschnittenes
Apfelkompott und/oder gehackte Nüsse

Die Hirse in der Milch zum Kochen bringen und dann ca. 15 Minuten auf kleiner Flamme köcheln lassen. Honig, Äpfel und Nüsse zufügen.

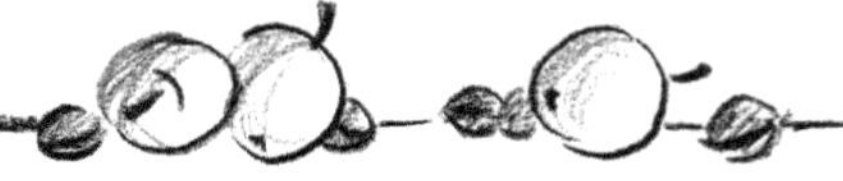

Frau Holle

Vorm Fenster Flockengewimmel
im Ofen knisternder Brand!
Da reitet auf schneeweißem Schimmel
Frau Holle wieder durchs Land.

Sie reitet in wallendem Kleide,
ihr Auge blitzt hell und klar,
es funkelt ihr reiches Geschmeide,
es flattert im Wind ihr Haar.

Dass keiner sein Glück versäume,
ihr Schläfer im Garten erwacht!
Frau Holle segnet die Bäume
zu neuer Blütenpracht.

Sie naht und ist verschwunden,
ist gleich dem Glück auf der Flucht,
und wen sie schlafend gefunden,
der trägt nicht Blüte noch Frucht.

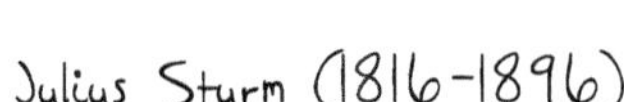

17. Dezember

Weihnachten ist ein geselliges Fest.

Niemand bleibt gern allein, und selbst weit entfernt wohnende Familienmitglieder und Freunde werden mit Anrufen und Karten beschert. Nicht einmal die Wirtschaft kann sich der kommunikativen Idee der Weihnachtszeit entziehen und verschickt im Advent millionenfach Weihnachtsgrüße an Geschäftspartner. Wir wünschen ein frohes Fest!

Im Kreise der Familien sind es oft die Mütter, die mit der Weihnachtspost betraut sind. Außerdem organisieren sie, wer wann und wo mitfeiert, welcher Kindergartenbastelnachmittag und welches Adventskränzchen besucht werden, wer den Kindern was schenkt und was genau an welchem Festtag getan oder nicht getan wird. Adventszeit ist Absprachezeit: „Und das dritte Lichtlein brennt, alles beredet im Advent?“

Es ist jedes Jahr eine unbeachtete kommunikative Glanzleistung vieler Mütter, wenn bis zum Heiligen Abend alle mit einem Weihnachtsgruß, einer Einladung oder einem guten Wort bedacht worden sind.

Für Kalorienbewusste:
Apfelkekse ohne Zucker

Du brauchst:

300 g Haferflocken

100 g Mehl

1 TL Backpulver

2 Eier

150 g Butter

1 EL Honig oder Ahornsirup

3 geriebene Äpfel

Haferflocken, Mehl und Backpulver vermengen. Eier und Butter schaumig rühren und mit der Masse verkneten. Geriebene Äpfel und Honig bzw. Sirup unterheben. Kleine Kugeln formen und auf dem Blech zu Plätzchen flach drücken. Bei 180 Grad Celsius (Umluft) 30 Minuten backen.

Weihnachtsschnee

Ihr Kinder, sperrt die Näschen auf,
es riecht nach Weihnachtstorten;
Knecht Ruprecht steht am Himmelsherd
und bäckt die feinsten Sorten.

Ihr Kinder, sperrt die Augen auf,
sonst nehmt den Operngucker:
Die große Himmelsbüchse, seht,
tut Ruprecht ganz voll Zucker.

Er streut – die Kuchen sind schon voll.
Er streut – na, das wird munter:
Er schüttelt die Büchse und streut und streut;
den ganzen Zucker runter.

Ihr Kinder, sperrt die Mäulchen auf.
Schnell! Zucker schneit es heute;
fangt auf, holt Schüsseln – ihr glaubt es nicht?
Ihr seid ungläubige Leute!

Paula Dehmel (1862-1918)

18. Dezember

Je näher das Fest rückt, umso höher steigt der Stresspegel.

Noch so viel muss erledigt werden. Und manchmal scheint jemand direkt gegen uns zu arbeiten und wir kämpfen wie gegen böse Geister.

Dieses Gefühl kannten die Frauen schon früher. Im Märchen vom Aschenputtel finden wir zwei Plagegeister, die – hier als Schwestern auftretend – das Aschenputtel aufhalten, wo es nur geht. Sie schütten Asche in die Linsen und verdammen ihre Stiefschwester zu sinnlosen Tätigkeiten. Wer sind diese Furien? Das Märchen lässt uns im Ungewissen; die Schwestern tragen keine Namen. Aber: Sie personifizieren Aschenputtels Stress und Unmut. Sie sind die leibhaftig gewordenen Sorgen einer Frau kurz vor einem großen Fest.

Du kennst die beiden? Sie waren auch bei dir ungebeten zu Gast?

Zieh' dir ein schönes Kleid an und gehe tanzen, wenn du putzen müsstest. Aschenputtel ist die zwei so losgeworden.

Aschenputtel

[...] Da nahmen ihr die Stiefschwestern die Kleider weg und zogen ihr einen alten, grauen Rock an: „Der ist gut für dich“, sagten sie, lachten sie aus und führten sie in die Küche. Da musste das arme Kind so schwere Arbeit tun: früh vor Tag aufstehen, Wasser tragen, Feuer anmachen, kochen und waschen, und die Stiefschwestern taten ihm noch Herzeleid an, spotteten es, schütteten ihm Erbsen und Linsen in die Asche, da musste es den ganzen Tag sitzen und sie wieder herauslesen. Wenn es abends müd‘ war, kam es in kein Bett, sondern musste sich neben den Herd in die Asche legen. Und weil es da immer in Asche und Staub herumwühlte, gaben sie ihm den Namen „Aschenputtel“. [...]

Auszug ~ Nach der Überlieferung der Brüder Grimm

Mein lieber Bruder Ärgerlich

Mein lieber Bruder Ärgerlich
hat alles, was er will;
und was er hat, das will er nicht
und was er will, das hat er nicht.
Mein lieber Bruder Ärgerlich
hat alles, was er will.

Kindervers (vor 1881)

19. Dezember

Wenn du im Dezember in einer klaren Nacht zum Himmel blickst, kannst du tief am Horizont Richtung Nordosten den Großen Wagen entdecken.

Er ist ein Teil des Sternbilds des Großen Bären. Bei Schwangeren und frisch gebackenen Müttern ist der Große Wagen heutzutage beliebt, weil sie in ihm einen Kinderwagen sehen können. Da ist das Mutterglück gleichsam in den Himmel gehoben.

Mit der Mythologie der Sternbilder hat diese neue Interpretation nichts zu tun. Aber immerhin: Das Sternbild des Großen Bären ist ein mütterliches Himmelswesen. Der Große Bär ist nämlich eigentlich eine Bärin: Kallisto. Die schöne Kallisto war nach der griechischen Überlieferung eine Nymphe, die durch Zeus ungewollt Mutter eines Sohnes wurde.

Aus Eifersucht verwandelte Zeus' Ehefrau Hera die beiden in Bären. Seitdem ziehen Mutter und Sohn am Himmel gemeinsam ihre Kreise.

Salzteigsterne
für den Weihnachtsbaum

Du brauchst:

360 g Mehl

180 g Salz

180 ml Wasser

Salz und Mehl mischen und dann Wasser langsam zugeben und verkneten. Der Teig kann wie ein essbarer Teig ausgerollt und ausgestochen werden. Er lässt sich aber auch wie Knete in der Hand formen. Sterne ausstechen und jeweils – zum Beispiel mit einem Strohhalm – ein Loch als Aufhängemöglichkeit einstechen. Bei 150 Grad Celsius (keine Umluft) 35 Minuten lang backen. Gut auskühlen lassen und dann mit Acrylfarbe bemalen.

Achtung: Salzteig ist nicht essbar! Er wirkt wegen seines hohen Salzgehalts dehydrierend und ist nur für Dekorationszwecke geeignet.

Wer hat die schönsten Schäfchen

Wer hat die schönsten Schäfchen?
Die hat der gold'ne Mond,
der hinter unser'n Bäumen
am Himmel droben wohnt.

Er kommt am späten Abend,
wenn alles schlafen will,
hervor aus seinem Hause
zum Himmel leis' und still.

Dann weidet er die Schäfchen
auf seiner blauen Flur,
denn all die weißen Sterne
sind seine Schäfchen nur.

Sie tun sich nichts zuleide,
hat eins das and're gern,
und Schwestern sind und Brüder
da droben Stern an Stern.

Und soll ich dir eins bringen,
so darfst du niemals schrei'n,
musst freundlich wie die Schäfchen
und wie ihr Schäfer sein.

Text: August Heinrich Hoffmann von Fallersleben (1798-1874)

Weise (u.a.): Johann Friedrich Reichardt (1752-1814)

20. Dezember

Weihnachten feiern heißt auch heimkehren.

Wenn du schon erwachsene Kinder hast, die in der Ferne arbeiten, dann ist nun wahrscheinlich die Zeit, zu der ihr euch wiederseht. Wie wunderbar dieser Moment, in dem ihr euch in die Arme schließt. Wie wunderbar, dass Weihnachten euch wieder zusammenbringt.

Und ein bisschen seltsam, dass dieses althergebrachte weihnachtliche Wiedersehen der Mütter und Kinder in kein traditionelles Weihnachtslied Eingang gefunden hat. Oder vielleicht doch? Sicher kennst du das Lied vom „Hänschen klein“, das eigentlich nicht als Weihnachtslied bekannt ist. Aber es passt mit seiner Geschichte vom heimkehrenden Kind perfekt auf die Tage vor dem Heiligen Abend. Man sieht die Mutter vor sich, wie sie den durchaus veränderten jungen Mann erspäht und augenblicklich ihren kleinen Sohn erkennt: „Hans! mein Sohn!“

Das kann sie auch im Schnee gesagt haben.

Töchter-Deko:
Die russische Matrjoschka

Zur Weihnachtszeit dekoriert manch einer sein Fensterbrett auch mit einer russischen Matrjoschka und den Töchtern aus ihrem Bauch.

Was viele nicht wissen: Bei Matrjoschkas handelt es sich ursprünglich gar nicht um russische Volkskunst. Das erste Püppchen-Set wurde von einem Künstler um 1890 herum entworfen. Jede Puppe aus seinem ersten Entwurf sah anders aus: Die erste trug einen schwarzen Hahn unter dem Arm, die zweite hatte eine rote Schürze um, die dritte hielt eine Sichel in der Hand usw. Das Wort „Matrjoschka" ist abgeleitet vom russischen „Mütterchen".

Hänschen klein

Hänschen klein ging allein
in die weite Welt hinein;
Stock und Hut steh‘n ihm gut,
ist auch wohlgemut.
Aber Mutter weinet sehr,
hat ja nun kein Hänschen mehr.
„Wünsch dir Glück“, sagt ihr Blick.
„Kehr recht bald zurück!“

Sieben Jahr, trüb und klar,
Hänschen in der Fremde war.
Da besinnt sich das Kind,
eilet heim geschwind.
Doch nun ist’s kein Hänschen mehr,
nein, ein großer Hans ist er.
Stirn und Hand braun gebrannt,
wird er wohl erkannt?

Eins, zwei, drei geh‘n vorbei,
wissen nicht, wer das wohl sei.
Schwester spricht: „Welch Gesicht!“,
kennt den Bruder nicht.
Kommt daher die Mutter sein,
schaut ihm kaum ins Aug hinein,
ruft sie schon: „Hans! Mein Sohn!
Grüß dich Gott, mein Sohn!“

Text: Franz Wiedemann
(1821-1882)
Weise: Tanzmelodie aus dem
18. Jahrhundert

21. Dezember

Heute ist Wintersonnenwende.

Der kürzeste Tag im Jahr wird seit jeher gefeiert, weil von nun an die Sonne an Kraft gewinnt. Viele frühe Kulturen konnten den Tag der Sonnenwende berechnen. Aber nur in der mittel- und nordeuropäischen Mythologie galt die Sonne als weibliches Phänomen. So wird sie zum Beispiel bis heute als „Frau Sunna" in Thüringen gefeiert. Diese Idee einer weiblichen Sonne war etwas Besonderes, denn die meisten Kulturen verehrten männliche Sonnengötter: die Sumerer Utu, die Ägypter Ra, die Griechen Helios ...

Dass die Germanen und Skandinavier in der Sonne eine Frau sahen, spricht für den hohen Rang der Frauen bei ihnen. Frauen spendeten als Mütter neues Leben, Wärme und Nahrung. So wie die Sonne.

Also wartete man im Dezember einst nicht auf die Ankunft eines männlichen Götterkindes, sondern viel dringlicher auf die Wiederkehr der mütterlichen Frau Sunna.

Meine Wünsche für das
nächste Sonnenjahr:

Ein Weihnachtslied

Wintersonnenwende!
Nacht ist nun zu Ende!
Schenkest, göttliches Gestirn,
neu dein Herz an Tal und Firn!
O der teuren Brände!
Hebet hoch die Hände!
Lasset uns die Gute loben!
Liebe, Liebe, Dir da droben!

Wintersonnenwende!
Nacht hat nun ein Ende!
Tag hebt an, goldgoldner Tag,
Blühn und Glühn und Lerchenschlag!

O du Schlummers Wende!
O du Kummers Ende!

Christian Morgenstern (1871–1914)

22. Dezember

Zum Weihnachtsfest gehören auch die Heimlichkeiten.

Geschenke werden in der Abstellkammer versteckt, Süßigkeiten in dunklen Schrankecken verstaut, Weihnachtsmann- oder Christkind-Kostüm und Christbaumkugeln insgeheim vom Dachboden geholt. Du weißt: Schnell und leise muss man da als Mutter sein. Also pssst!

Die Kinder ahnen natürlich, dass etwas bevorsteht. Es liegt förmlich in der Luft. Und da war doch ein Knistern und kurzes Aufglänzen. Das bange Warten der Kinder, ihre Ungewissheit und zitternde Vorfreude rühren auch die Erwachsenen an. Ach ja, so aufregend kann Weihnachten sein; fast hätten wir es vergessen. Aber nun erinnere dich; du weißt es doch noch, wie du damals selbst mit klopfendem Herz vor der verschlossenen Tür standest. „Mama, wie lang ist es noch bis Weihnachten?", hast du bestimmt gefragt. Erinnerst du dich? Erinnerst du dich, wie Weihnachten war, als du klein warst?

Weihnachten heute ist immer auch Weihnachten früher.

A,B,C, das Kätzchen lief im Schnee

A, B, C,
das Kätzchen lief im Schnee.
Und als es wieder rauskam,
da hat es weiße Stiefel an.
A, B, C,
das Kätzchen lief im Schnee.

A, B, C,
das Kätzchen lief zur Höh'.
Es leckt sein kaltes Pfötchen rein
und putzt sich die Stiefel fein.
A, B, C,
und ging nicht mehr in'n Schnee.

Text: Karl Simrock (1802–1876),
nach einem Kinderlied aus Thüringen

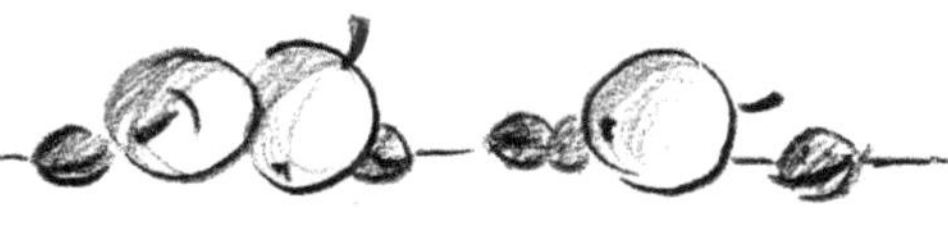

Knecht Ruprecht

Draußen weht es bitterkalt,
wer kommt da durch den Winterwald?
Stipp – stapp, stipp – stapp und Huckepack.
Knecht Ruprecht ist’s mit seinem Sack.
Was ist denn in dem Sacke drin?
Äpfel, Mandel und Rosin‘
und schöne Zuckerrosen,
auch Pfeffernüss‘ fürs gute Kind;
die ander‘n, die nicht artig sind,
die klopft er auf die Hosen.

Martin Boelitz (1874–1918)

23. Dezember

Der letzte Tag vor dem Heiligen Abend ist sicher auch bei dir recht vollgepackt.

Tausend Dinge wollen noch getan werden. In einem Jahr haben wir gut geplant und alles geschafft. In einem anderen Jahr bleibt die Hälfte liegen. Die Weihnachtsfeste sind verschieden.

Gleich ist jedoch, dass die Gedanken der Mütter meist um die anderen Beteiligten kreisen. An erster Stelle die Kinder, die ein schönes Fest erleben sollen. Dann der Partner, Eltern und Schwiegereltern. Weitere Verwandte und Freunde. Alle sollen bedacht sein. Es ist für viele Mütter ein rechtes Kunststück, auch einmal an sich selbst zu denken. Ich wünsche dir deshalb, dass kurz vor dem Fest alles gelingt. Dass die Kinder brav sind, dass der Baum rechtzeitig geschmückt ist, dass sämtliche Gerichte wunderbar werden.

Und vor allem wünsche ich dir zwischendurch eine ruhige Stunde auf deinem Sofa.

Unser Weihnachtsbaum!

Auch das Schmücken des Weihnachtsbaumes ist in vielen Familien Sache der Frauen. Oft wird der Baum erst kurz vor dem Fest ins Haus geholt und je nach Belieben oder Familientradition mit Glaskugeln, Holzfiguren, Kerzen oder Lichterkette, Gebäck, Äpfeln und so weiter geschmückt. Früher durften die Kinder meist nicht zuschauen und wurden mit dem glänzenden Bäumchen erst am Heiligen Abend überrascht. Heute dürfen viele Kinder auch beim Schmücken mithelfen.

Bestimmt habt auch ihr euer Lieblingsritual.

Weihnachtslied

Vom Himmel in die tiefsten Klüfte
ein milder Stern herniederlacht;
vom Tannenwalde steigen Düfte
und hauchen durch die Winterlüfte,
und kerzenhelle wird die Nacht.

Mir ist das Herz so froh erschrocken,
das ist die liebe Weihnachtszeit!
Ich höre fernher Kirchenglocken
mich lieblich heimatlich verlocken
in märchenstille Herrlichkeit.

Ein frommer Zauber hält mich wieder,
anbetend, staunend muss ich stehn;
es sinkt auf meine Augenlider
ein goldner Kindertraum hernieder,
ich fühl‘s, ein Wunder ist gescheh‘n.

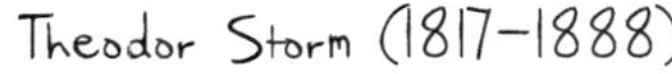

24. Dezember

Heiliger Abend! Und was feiern wir heute?

Nach christlicher Vorstellung die Mutterschaft Marias und nach vorchristlicher Tradition die Sonne, die Himmelsmutter, die das Licht und neues Leben in die Welt bringt. „Und diese selbe Nacht, die uns besonders heilig ist, wird von den Heiden Modranicht genannt, was Nacht der Mütter bedeutet …“, schrieb im 7. Jahrhundert der Mönch Beda Venerabilis über die Angelsachsen und ihre Bräuche. Weihnachten feiern heißt also die Mütter feiern. Das sollten wir nicht vergessen.

Weihnachten ist damit auch dein Fest. Heute kommen alle zusammen, weil wir uns wünschen, dass aus dem Schoß der Nacht neues Licht entspringt. In der dunkelsten Jahreszeit feiern wir das Leben. Wie wunderbar. Wie hoffnungsvoll und wie mütterlich weise. Ein großer Dank an diesem Tag an dich! Ein Kuss auf deine Stirn!

Und ein frohes Fest für dich und deine Lieben!

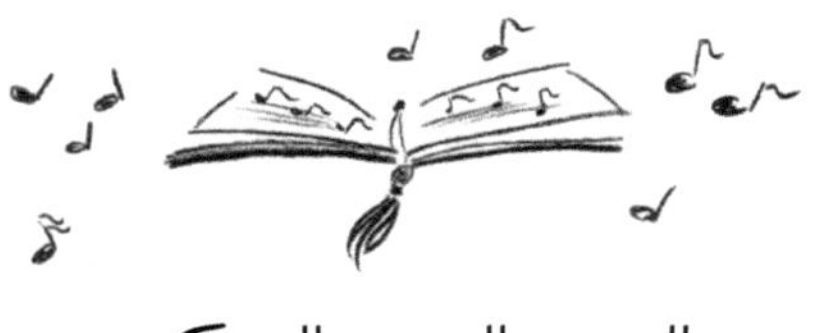

Still, still, still

Still, still, still, weil's Kindlein schlafen will!
Maria thuat es niedersingen,
ihre keusche Brust darbringen.
Still, still, still, weil's Kindlein schlafen will.

Schlaf, schlaf, schlaf, mein liabes Kindlein, schlaf!
Die Engel thuan schön musiziren,
bey dem Kindlein jubelliren.
Schlaf, schlaf, schlaf, mein liabes Kindlein, schlaf.

Volksweise aus Salzburg (vor 1885, hier gekürzt,
später bearbeitet von Georg Götsch, 1895–1956)

Melodie: Maria Vinzenz Süß (1802–1868),
nach einer Salzburger Volksweise

Winternacht

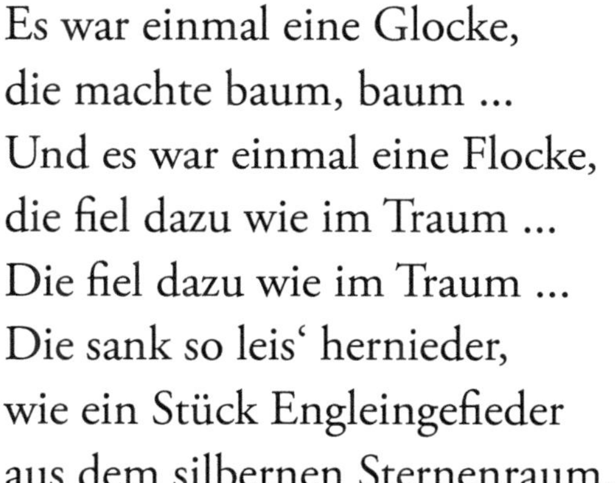

Es war einmal eine Glocke,
die machte baum, baum ...
Und es war einmal eine Flocke,
die fiel dazu wie im Traum ...
Die fiel dazu wie im Traum ...
Die sank so leis‘ hernieder,
wie ein Stück Engleingefieder
aus dem silbernen Sternenraum.

Es war einmal eine Glocke,
die machte baum, baum ...
Und dazu fiel eine Flocke,
so leis als wie ein Traum ...

So leis als wie ein Traum ...
Und als vieltausend gefallen leis‘,
da war die ganze Erde weiß,
als wie von Engleinflaum.

Da war die ganze Erde weiß,
als wie von Engleinflaum.

Christian Morgenstern
(1871–1914)

Erinnerungen an den Heiligen Abend

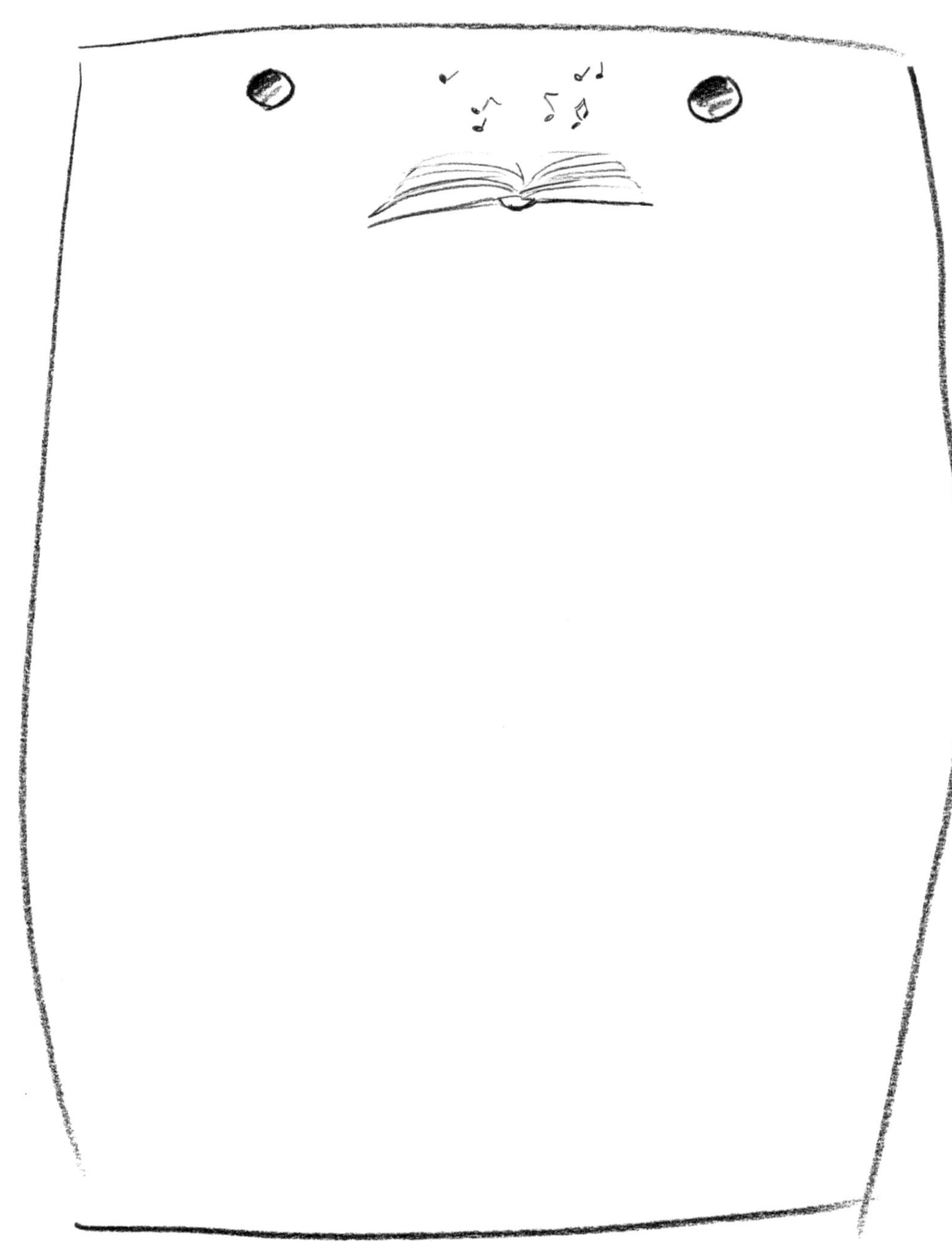

Quellenverzeichnis

Kap. 1: Martin Greif (eigentlich Friedrich Hermann Frey): Frau Holle, aus: Winterzauber – Verse und Bilder aus Frau Holles Reich, Walter Hädecke Verlag, Stuttgart 1922, S. 26.

Kap. 2: Anna Ritter: Vom Christkind, aus: Wunderweiße Nacht, hrsg. v. R. u. R. Brock, Henschelverlag, Berlin 1977, S. 244.

Kap. 3: Jakob und Wilhelm Grimm: Grimms Märchen, Lechner Verlag, Genf 1996, S. 64f.

Hänsel und Gretel, aus: Deutsche Volkslieder, hrsg. v. B. Pachnicke, Edition Peters, Leipzig 1981, S. 103.

Kap. 4: Christian Morgenstern: Das Weihnachtsbäumlein, aus: ders., Gedichte – Verse – Sprüche, Lechner Verlag, Genf, 2004, S. 358.

Kap. 5: Adolf Holst: Das Wunderschloss, aus: Auerbachs‘s deutscher Kinderkalender, Fernau Verlag Leipzig, Ausgabe 36, 1918.

Kap. 6: Nikolaus, de gode Mann, aus: Wunderweiße Nacht, hrsg. v. R. u. R. Brock, Henschelverlag Berlin 1977, S. 43.

Oh du guter Nikolaus, aus: Mein erstes Buch, hrsg. v. H. Brückl, Bayerischer Schulbuchverlag, München 1951, S. 30.

Kap 7: Spinn, Mägdlein spinn, aus: Paul Thumann: Für Mutter und Kind, Theodor Stroekers Kunstverlag, München 1881, S. 42.

Kap. 8: Jakob und Wilhelm Grimm: Grimms Märchen, Lechner Verlag, Genf 1996, S. 102.

Gustav Falke: Ausfahrt, aus: Hedi Hauser: Der Wunschring, Kriterion Verlag, Bukarest 1983, S. 30.

Friedrich Güll: Will sehen, was ich weiß, aus: Mütterchen, erzähl uns was! Erzählungen, Gedichte, Lieder, Spiele, Rätsel und Sprüche für Kinderstube und Kindergarten, hrsg. v. Georg Paysen Petersen, Verlag Otto Meißner, Hamburg 1894. S. 318.

Christian Morgenstern: Wenn es Winter wird, aus: ders.: Gedichte – Verse – Sprüche, Lechner Verlag, Genf 2004, S. 356.

Kap. 10: Emily und Fritz Kögel: Der Bratapfel, aus: Weihnachtsgedichte, ausgewählt von St. Koranyi, Verlag Philipp Reclam jun., Stuttgart 2003, S. 73f.

Kap. 11: Jakob und Wilhelm Grimm: Grimms Märchen, Lechner Verlag, Genf 1996, S. 504.

Christian Morgenstern: Die drei Spatzen, aus: ders.: Gedichte – Verse – Sprüche, Lechner Verlag, Genf 2004, S. 351.

Kap. 12: August Heinrich Hoffmann von Fallersleben: Nussknacker, aus: Weihnachtsgedichte, ausgewählt von St. Koranyi, Verlag Philipp Reclam jun., Stuttgart 2003, S. 85.

Die Engelein haben's Bett gemacht, aus: Paul Thumann: Für Mutter und Kind, Theodor Stroekers Kunstverlag, München 1881, S. 43.

Kap. 13: Christian Morgenstern: Der Schnupfen, aus: ders.: Gedichte – Verse – Sprüche, Lechner Verlag, Genf 2004, S. 179.

Kap. 14: Jakob und Wilhelm Grimm: Grimms Märchen, Lechner Verlag, Genf 1996, S. 404.

Heinrich Seidel: Der kleine Nimmersatt, aus: Ich wünsche mir ein Schaukelpferd – Die schönsten Weihnachtsgedichte und -geschichten, Jan Thorbecke Verlag, Ostfildern 2015, S. 112.

Kap. 15: Johann Wolfgang von Goethe: Das Jahrmarktsfest zu Plundersweilern – Ein Schönbartspiel. Zweite Fassung, aus: ders.: Poetische Werke. Band 3, Phaidon, Essen 1999, S. 487–503.

Kap. 16: Julius Sturm: „Frau Holle" in: ders.: Das Buch für meine Kinder - Märchen und Lieder, Verlag Alphons Dürr, Leipzig 1877, S. 20f.

Kap. 17: Paula Dehmel: Weihnachtsschnee, aus: Das liebe Nest, hrsg. v. E. A. Seemann, Leipzig 2004, Kap. 79.

Kap. 18: Jakob und Wilhelm Grimm: Grimms Märchen, Lechner Verlag, Genf 1996, S. 85f.

Mein lieber Bruder Ärgerlich, aus: Paul Thumann, Für Mutter und Kind, Theodor Stroekers Kunstverlag, München 1881, S. 38.

Kap. 19: August Heinrich Hoffmann von Fallersleben: Wer hat die schönsten Schäfchen, aus: Hedi Hauser: Der Wunschring, Kriterion Verlag, Bukarest 1983, S. 209.

Kap. 20: Franz Wiedemann: Hänschen klein, aus: Deutsche Volkslieder, hrsg. v. B. Pachnicke, Edition Peters, Leipzig 1981, S. 41.

Kap. 21: Christian Morgenstern: Ein Weihnachtslied, aus: ders.: Gedichte – Verse – Sprüche, Lechner Verlag, Genf 2004, S. 450.

Kap. 22: A,B,C, das Kätzchen lief im Schnee, aus: Deutsche Volkslieder, hrsg. v. B. Pachnicke, Edition Peters, Leipzig 1981, S. 78.

Martin Boelitz: Knecht Ruprecht, aus: Reime, Gedichte, Geschichten, Verlag Volk und Wissen, Berlin 1979, S. 52.

Kap. 23: Theodor Storm: Weihnachtslied, aus: Weihnachtsgedichte, ausgewählt von St. Koranyi, Verlag Philipp Reclam jun., Stuttgart 2003, S. 55.

Kap. 24: Beda Venerabilis: De Temporum Ratione, zitiert nach: Rudolf Simek: Götter und Kulte der Germanen, C.H. Beck, München 2006, S. 55.

Maria Vinzenz Süß: Salzburgische Volks-Lieder mit ihren Singweisen. Mayrische Buchhandlung, Salzburg 1865, S. 30f.

Christian Morgenstern: Winternacht, aus: ders.: Gedichte – Verse – Sprüche, Lechner Verlag, Genf 2004, S. 357.

Weitere Bücher von Nicole Schäufler

Bibliografische Information der Deutschen Nationalbibliothek
Die Deutsche Nationalbibliothek verzeichnet diese Publikation in der Deutschen Nationalbibliografie; detaillierte bibliografische Daten sind im Internet über http://dnb.d-nb.de abrufbar.

Die Rechtschreibung historischer Texte wurde an heute gebräuchliche Regeln angepasst.

1. Auflage August 2018
© 2018 edition riedenburg
Verlagsanschrift Anton-Hochmuth-Straße 8
5020 Salzburg, Österreich
Internet www.editionriedenburg.at
E-Mail verlag@editionriedenburg.at

Lektorat Dr. phil. Heike Wolter, Regensburg
Satz und Layout edition riedenburg
Herstellung Books on Demand GmbH, Norderstedt

ISBN 978-3-99082-003-2